Planète Formule 1

Photos :
Dominique Leroy

Textes :
Dominique Leroy
avec
l'active collaboration
de
Pascal Dro/Auto Plus

Maquette :
Alain Sillard

Éditions LESIR

Remerciements
Énormes mercis à
mon père et ma mère, sans lesquels ce livre n'aurait jamais eu lieu,
ma tante,
Cachou, ma compagne,
Jean et José Alesi,
Olivier Panis,
Thierry Gromik,
Luc Domenjoz,
Guy Rolland,
Yvan Zaouche,
Jojo Torcatis,
Didier Paris (Podium Communication),
Philippe Louste,
Canon France*, à toute son équipe présente sur les circuits et particulièrement Guy d'Assonville,
Kodak,
Pascal Dro (Auto Plus),
Marc Longa (Sport Auto),
l'Agence SIPA Presse,
François Dubois-Dumée (Société Elf-Antar France),
Francisco Santos (Edipromo, Portugal),
AGIP (M. Dours),
GoodYear France,
Labo Piat (Nîmes),
Hugues Trevenec (Moet & Chandon),
Renault Sport,
Peugeot Sport et en particulier Jean-Claude Lefèvre,
Jacques Régis, président de la FFSA,
Patrick Behar, responsable FIA,
Francesco Longanesi-Catani, FIA,
Garage Nissan (Nîmes),
l'équipe toujours disponible de Photogravure ACIR (Montpellier),
et nos amis belges de l'imprimerie Lesaffre.

*Matériel photo utilisé, depuis quinze ans :
Canon F1 T90,
EOS 1, EO 1 N,
20 mm, 20-35 mm, 80-200 mm, 400 mm, 500 mm et convertiseur 1.4

Achevé d'imprimer en novembre 1998

ISBN 2-88468-000-4

Dépôt légal Éditions LeSir novembre 1988
éditions LeSir, 31, rue de la Madeleine, 30000 Nîmes.
Adresse postale 6, rue Jean-Jacques Rousseau 34000 Montpellier.
Tél Nîmes 00 33 4 66 21 20 43, Fax 00 33 4 66 76 25 34.
Tél/Fax Montpellier 00 33 4 67 52 73 32

Une quinzaine prodigieuse

Max Mosley, le président de la FIA, n'a aucun doute sur le sujet. Pour lui, "la Formule 1 vit son âge d'or".

Pour tous les fans que nous sommes, les quinze, seize et bientôt dix-sept Grands Prix de Formule 1 dévorés devant nos écrans, dans les tribunes et dans les magazines, constituent autant de moments de bonheur. De nuit comme de jour, devant nos postes de télévision puis dans les magazines, nous ne ratons pas une miette de ces courses. Comme les enfants grattent de leurs ongles le fond de leurs Coco Boer. Parce qu'une course de Formule 1, c'est un vrai plaisir. Pas un truc frelaté, une mode ou une tendance. Non. Quelque chose de sérieux qui vous capture à six ans, vingt ans ou trente ans, et ne vous lâche plus. Sauf drame – la disparition de Senna, par exemple – le tatouage F1, c'est pour la vie.

Et que l'on en rêve dans les tribunes de Magny-Cours ou dans la salle de presse de Monaco n'y change rien. En professionnel ou en amateur – souvent très éclairé – c'est la même passion F1 qui nous tenaille. C'est elle qui pousse, tire et secoue Dominique Leroy depuis près de quarante ans... Quarante ans ? Notre homme n'est pas centenaire, loin de là. Mais, dès ses premiers jours sur Terre, les événements se sont précipités et... ont décidé de son destin de photographe de courses.

Ce premier week-end sur Terre, c'est en coupé Panhard tout alu qu'il l'a passé. De Nîmes au Mans, par la nationale. Avec une seule valise pour toute la famille. Parce, dixit Monsieur Leroy père, "en automobile, le pire ennemi, c'est le poids". C'était en 1955, Dominique n'avait pas quinze jours quand la Jaguar de Hawthorn-Bueb avait gagné.

Dès lors, sa carrière s'est emballée : "En 1956, c'est au virage du Portier, au Grand Prix de Monaco que je fais mes débuts sur quatre roues. J'ai un an et, de ma poussette, mon père me fait assister à la course de la terrasse du bistrot. A l'époque, on pouvait voir, sentir et toucher les voitures. Treize ans plus tard, en 1968, au même endroit, ce fut décidé. Ce Grand Prix extraordinaire, je m'en souviens comme si c'était hier. C'est la seule fois où le règlement a été changé pendant l'épreuve même. Les monstrueux ailerons avant et arrière avaient été interdits. Cette année, nous étions basés au bistrot – toujours ! – mais au Bureau de Tabac, cette fois-ci. Le moment décisif ? Le départ ! Epoustouflant, démoniaque, hallucinant, inoubliable ! C'est vraiment ce jour-là, à 15 heures, que tout a débuté. Ces gens, ces pilotes, ces voitures, je ne veux plus les quitter. C'était il y a 32 ans."

Scène internationale

La sagesse, c'est de ne pas avoir essayé d'épater papa au volant. La R8 familiale, encore enroulée autour d'un platane provençal, lui en saura gré. Pour faire vivre cette passion, il fallait trouver autre chose. Cette autre chose, c'est un goût pour les couleurs, les formes et les mouvements. Alors, de photos gratuites de débutant sur des épreuves régionales à la scène internationale des Grands Prix, en passant par les clichés vendus aux concurrents, il franchit une à une les étapes de la reconnaissance professionnelle. Comme un pilote dans les formules "de promotion", il apprend ce métier si concurrentiel et prisé de photographe de Grand Prix.

Au milieu des années 80, le voilà à pied d'œuvre. Rapidement, il signe quelques uns des plus beaux – mais surtout des plus sensibles – clichés de la F1 de l'époque. Parce que Dominique n'est pas un grand professionnel au sens de l'organisation et de l'efficacité. Et c'est tant mieux. C'est un artiste, que les couleurs et les lignes interpellent plus encore que l'action. En cela, sa démarche est aussi originale que paradoxale, dans cet univers de vitesse. Techniquement, les lois de la physique conjuguées à celles de l'hérédité (il mesure 1,64 m !) ont fait de lui un spécialiste inégalé de la contre-plongée et du cliché rasant.

Dans son viseur, les filles des Grands Prix ressemblent aux starlettes sur papier glacé du Paris-Hollywood des années 50. Belles souvent. Chic parfois. Mais sexy, toujours !

C'est à tout cela, à quelques coups de foudre aussi (Jean Alesi, le Brésil...) et à une nature à fleur de peau que Dominique doit ce regard historiquement, techniquement et intellectuellement différent sur la F1. Au même titre que les grandes plumes de la profession, notre Astérix est ainsi devenu au fil des saisons une figure incontournable de la Formule 1. Et ce depuis 1984, date de départ de ce qui allait devenir notre quinzaine prodigieuse...

Pourtant, sans retirer quoi que ce soit au mérite de l'artiste, son talent n'est d'aucune aide sans modèle de choix. Ici, le modèle, c'est la F1. Une discipline hyperphotographiée, une sorte de Claudia Schiffer des sports télévisés. En cela, c'est la Formule 1 qui a fait Dominique. La F1 des années 84-98, plus précisément. Lorsque le spectacle a définitivement quitté le bastringue de l'artisanat pour les sunlights d'un grand show à l'américaine. Une F1 qui s'est malheureusement débarrassée des petites équipes et pilotes sans grade qui "faisaient le nombre", au profit de bras armés de grands constructeurs. Ces derniers gagnaient ainsi en visibilité ce que le championnat conquérait en audience. Une transition qui ne s'est pas réalisée en un clin d'œil ou un coup de clé de 12. Mais précisément sur cette période de quinze ans à laquelle fait référence cet ouvrage. Par la clairvoyance de ses promoteurs, bien sûr, mais surtout par celle d'une alchimie unique qui ne répond à aucune formule magique.

Les ingrédients de l'intrigue

Les scénarios des quinze derniers championnats du monde en attestent. Aucun auteur dramatique n'aurait pu imaginer plus fascinantes intrigues que le sport lui-même. En cela, la F1 est magique. Parce qu'elle étonne toujours et développe une histoire éternellement supérieure à celle des augures les plus avertis.

Ainsi, la F1 resterait un sport ? Quels que soient nos avis, les milliards investis par les grands noms de l'industrie automobile donnent la réponse. Leur image n'aurait rien à gagner dans un sport truqué. Parce qu'"à vaincre sans péril, on triomphe sans gloire." Il ne s'agit pas de la devise du Caesar Palace de Las Vegas, abandonné par la F1 depuis 1982. Mais ça aurait pu, non ? La réalité de ces dernières éditions en témoigne. L'auteur machiavélique de ces quinze scénarios d'enfer mérite le prix Pulitzer, le Goncourt et le Nobel à la fois. Qu'il s'appelle Bernie Ecclestone ou Incertitude du Sport n'y change rien. Chaque année depuis quinze ans, sans exception, le scénario du championnat possède quelque chose d'unique au minimum. D'exceptionnel, souvent. Tout en respectant les ingrédients de l'intrigue.

L'argent, l'ambition, la gloire, un peu de sexe, de l'aventure et, bien entendu, de l'humour. Tout est là. Dans un dosage qui n'a fait qu'évoluer dans le sens d'une amélioration du spectacle. Plus d'argent, plus de... Plus de F1 même ! Mais surtout, plus de sport. Parce que les hommes de la F1 sont de plus en plus nombreux, de plus en plus astucieux. Les équipes sont de plus en plus cosmopolites. Les moyens financiers de plus en plus colossaux. Et pilotes, ingénieurs et patrons d'équipes de plus en plus starisées. Et en dépit de tout cela, au bout du compte, c'est tout de même le sport lui-même qui décide. En cela, en cela au moins, la F1 est saine. Saine et rassurante.

Reprenons, dans l'ordre...

1984-1998

Quinze championnats du monde de Formule 1

Légende et modernité

1984

Niki Lauda

Le champion des années 70 revient au sommet

C'est unique. En 1984, la F1 ne le sait pas encore, mais elle ne compte pas moins de cinq champions du monde – parfois en devenir – et pas moins de quinze titres mondiaux en piste. Lauda, qui fait le lien entre la F1 des années 70 (titré en 75 et 77), et Prost, Senna, Rosberg, Mansell, Piquet pour les champions des années 80. Une sacrée brochette, qui a trusté la quasi totalité des titres de la quinzaine. A-t-on vu autant de casques couronnés à une autre époque ? Autant de triples champions en exercice ou à venir comme Lauda, Prost et Senna simultanément en piste ? Plus faible écart aux points – 0,5 point ! – entre le champion autrichien et son dauphin français ? C'est en tout cas à cette époque que remonte l'excellente habitude des dénouement de championnat dans l'ultime manche. Une saison vraiment mémorable.

1985

Alain Prost

Premier français couronné

François Cevert aurait dû coiffer la couronne. Didier Pironi, sur la Ferrari 126 C2 également. Les risques du métier en ont décidé autrement. Et c'est Alain Prost qui ramène au soir de la saison 1985 la première couronne mondiale des pilotes de F1 en France. Un événement extraordinaire, attendu depuis la première victoire de Maurice Trintignant, au Grand Prix de Monaco 1955. Une victoire qui avait fait naître de justes espoirs en France. Il aura donc fallu attendre trente ans pour les concrétiser. Après cinq victoires et une bataille de tous les instants contre Alboreto et sa Ferrari, le Français remporte le premier de ses quatre titres mondiaux. Sans une égratignure.

1986

Alain Prost

Le professeur a tout compris !

Ils sont rarissimes, les titres mondiaux remportés de rang. Il y a ceux d'Ascari, Fangio et Brabham, dans les années 50. Mais depuis, seuls Prost, Senna et Schumacher ont remporté deux titres mondiaux de suite. Parce qu'à un sacre, rêve de toute une vie, succède le plus souvent une période d'euphorie du pilote ou de son écurie, peu compatible avec les exigences de travail acharné de la F1. A cela, seules les très grandes équipes et les pilotes d'une ambition supérieure encore à celle des autres résistent. Cette année, McLaren et Prost l'ont fait. Une classe au-dessus...

1987

Nelson Piquet

Enfonce le clown

En 1981 contre Alan Jones, puis en 1983 contre… Alain Prost, Piquet s'était imposé au volant de ses Brabham. Cette fois, la McLaren du Français ne peut rien – ou presque – contre les surpuissantes Williams-Honda turbo. Si ce n'est jouer contre Williams la mésentente de ses pilotes ! A ce petit jeu, Piquet aura littéralement laminé le mental de Mansell sur la longueur de la saison. Si on ajoute à cela la baisse de forme du moteur TAG Porsche et l'émergence de ce diable de Senna sur sa Lotus Renault (troisième du championnat), la partie n'était vraiment pas jouable pour le Français. C'est contre toute attente que le Brésilien s'impose pour son ttroisième titre mondial, après ceux de 1981 et 1983.

1988

Ayrton Senna

Vainqueur de l'année des géants !

Si la saison 1984 peut être considérée comme la plus belle de ces 15 dernières saisons, elle le doit à la richesse de son scénario, à la force des symboles et à la pléiade de véritables caractères qu'elle a mis en scène. Si cette saison 1988 lui est comparable, c'est pour d'autres raisons. D'abord, parce que rarement une équipe aura autant dominé un championnat et parce que – fait rarissime – les deux meilleurs pilotes de la décennie s'y sont disputés le titre à armes égales sur McLaren Honda. Bilan… prodigieux ! Prost et Senna se sont partagé quinze victoires sur seize courses (huit pour Senna, sept pour Prost, la seizième pour Berger à Monza). Aux points, Prost l'emporte. Au décompte final, Senna est champion du monde. L'étoile est sur orbite.

1989

Alain Prost

L'an III

Nouvelle réglementation technique : les moteurs turbos sont bannis. Finis, les brides, les chevaux par milliers et les soucis de consommation. On revient au tout atmosphérique. Une nouvelle réglementation constitue toujours un tremplin plus favorables aux grosses équipes et aux pilotes techniquement plus affûtés. C'est le cas de McLaren, richissime et ultra-réactive, d'une part, et d'Alain Prost, alors le plus fin technicien en piste. Pourtant, après les quatre premiers Grands Prix, on en est à deux victoires à zéro pour Senna, qui porte son tableau de chasse final à six, contre quatre pour le Français. Mais comme disent les Anglais, "pour finir premier, il faut d'abord finir". Prost : 76 points. Senna : 60.

1990

Ayrton Senna

Maître à bord

L'ère des géants réunis sous l'auvent McLaren est terminée. Prost a rejoint Mansell chez Ferrari et va piloter la 640 conçue par John Barnard. Chez McLaren, Senna est rejoint par Berger qui jouera désormais celui actuellement dévolu à Irvine chez Ferrari.

Celui d'un porteur d'eau de luxe. Prost s'impose dès le Brésil, manque d'imposer la Ferrari au championnat et se fait coiffer par son rival de toujours. Pour Dominique Leroy-le-Nîmois, c'est aussi la première saison complète de Jean Alesi l'Avignonnais, qu'il suit de près depuis ses débuts. Victoire finale nette et sans bavure du Brésilien. Une lutte de tous les instants, face à une concurrence des plus relevées, en fera son titre le plus durement acquis.

1991

Ayrton Senna

Brésil : 3 - France : 3

Avec trois victoires à son palmarès après les trois premiers Grand Prix, le suspens semble avoir fait long feu. Senna domine son sujet de la tête et des épaules. C'est compter sans l'émergence des Williams-Renault, dont la saga débute véritablement après ces trois premières courses. Mansell et Patrese se partagent la quasi totalité des victoires qui échappent à Senna. A l'époque déjà, la gestion d'une stratégie d'équipe n'est pas le fort de Williams. Bilan : sept victoires pour Senna, sept pour les Williams...partagées en cinq pour Mansell et deux pour Patrese !

1992

Nigel Mansell

L'année de la moustache

Mansell sans moustache ? Pour quoi faire ? Depuis ses débuts en F1, douze ans plus tôt, on s'était habitué. En plus, cela collait pile poil au caractère réputé monolithique du personnage. Et ce personnage, c'est incontestablement une figure de la F1. Un vrai personnage, qui ne connaît que deux positions pour l'accélérateur. Ouvert ou fermé. C'est la première option qu'il a choisie pour mener son parcours cette année. Résultat : neuf victoires et un coéquipier (Patrese) relégué à plus de 50 points (108 contre 56). Prost est en congé, le Honda de Senna n'est pas au mieux, certes, mais le festival Mansell de cette année-là fait chaud au cœur. En piste, qu'il gagne ou qu'il perde, Mansell nous faisait aussi rire.

1993

Alain Prost

Retour gagnant aux affaires

Avec un tel abattage, une telle expérience, une science aussi aboutie de la course et... une Williams Renault, on ne pouvait attendre moins d'Alain Prost. Ce titre, il l'a conquis de haute lutte. Une lutte sans doute plus personnelle que physique d'ailleurs. Car cette année-là, le bagage technique, le talent et la Williams lui ont permis de faire la différence. Parce que l'homme avait déjà tant gagné et désormais tant à perdre sur la piste que l'on ne rendra jamais assez hommage à ce renvoi d'ascenseur à ce sport qui lui a tant donné et à qui il s'est consacré corps et âme pendant treize ans. Il n'est qu'une réponse à ceux qui objectent qu'alors, Mansell était en Cart aux Etats-Unis, que Senna était "assis" sur un V10 Ford et que Damon Hill était bridé : cinquante et une victoires bien sûr, mais surtout 798,5 points marqués.

1994

Michael Schumacher

La méthode sans discours

Rarement titre mondial aura été aussi contesté sur et en dehors de la piste. Sur, par Damon Hill qui, libéré de la présence de Prost, hérite de celle... de Senna. Avant qu'un funeste 1er mai lui confère le titre de pilote de pointe Williams. Une situation qu'il assume pleinement, achevant l'exercice à un point seulement de l'Allemand. En dehors de la piste, puisque l'Allemand est disqualifié par deux fois (Angleterre et Belgique) et enfin à l'issue de la dernière course où il harponne son challenger direct en course. Une manœuvre qu'il répétera malheureusement par la suite. Il n'empêche : le talent et la méthode Schumacher sont incontestables. L'équipe Benetton est façonnée à ses dimensions et il est champion du monde. C'est tout ce que l'histoire retiendra.

1995

Michael Schumacher

Deux de suite, comme les plus grands

Cette année-là, Hill sur Williams et Schumacher sur Benetton disposent tous deux du V10 Renault dont toute la F1 rêve. Avant le début de saison, personne ne donne très cher de la peau de l'Anglais, qui a du mal à se forger une carapace de "méchant" champion belliqueux et sans scrupule et à résister aux polémiques et au talent de Michael Schumacher. Avec quatre pole positions et pas moins de neuf victoires, l'Allemand s'impose de façon magistrale. Même si ce score ne reflète pas l'âpreté du combat – Hill conquiert quelques sept pole positions et remporte 4 Grand Prix – il atteste d'une maîtrise désormais totale de l'Allemand sur la F1.

1996

Damon Hill

Ne tirez pas sur le pianiste !

Cela devait arriver. C'était logique. Après une place de troisième et deux titres consécutifs de dauphin, l'heure de Damon Hill devait sonner. Il avait travaillé comme un fou durant des années pour mériter cette place chez Williams. Il avait même triché sur son âge pour figurer parmi les espoirs. Ce baquet, il l'avait mérité. Ni Prost, ni Senna (faute de temps) ni Coulthard n'avaient réussi à l'éclipser. La pression interne à l'équipe, dont ses successeurs se plaignent tous depuis, il l'a vécue et supportée trois saisons durant. S'imposer dans ces conditions n'avait rien d'aisé. A posteriori, on comprend mieux la difficulté de ce titre. Dans la réalité, un petit Canadien arrogant et suffisant qui réalisait ses premiers pas en F1 a failli tout gâcher. Il n'y est pas parvenu. Pour une fois, en F1, la logique était respectée.

1997

Jacques Villeneuve

Le citoyen du monde les allume tous

Lorsqu'il débutait en Europe, en F3 italienne, personne n'aurait parié une seule lire sur son avenir. A peine fut-il considéré comme un honnête professionnel une fois parvenu dans les milieux de grille des championnats japonais. Cela explique pourquoi, en dépit de sa probante victoire à Indy 500 puis dans le championnat Cart américain, les spécialistes continuaient à douter en Europe. La différence entre eux et lui, c'est que lui n'est pas payé pour se poser des questions. Si son pied droit est effectivement court, il est très lourd ! Cette année, Jacques Villeneuve a battu Michael Schumacher de la plus belle des manières : sur la piste, à son propre jeu et à sa manière. Un baston mémorable. Comme il les aime.

1998

Mika Hakkinen

Titré

Depuis ses débuts en F1 sur Lotus, début 1991, la trajectoire de Hakkinen a quelque peu zigzagué. D'accord, Lotus était alors moribonde. Mais le Finlandais avait tellement – et vite ! – gagné avant de passer directement de la F3 à la F1 que, forcément, on en attendait beaucoup. Heureusement, s'il a mis le temps – huit saisons moins un Grand Prix – pour s'imposer pour la première fois, cette huitième saison est la bonne. Il coiffe la couronne mondiale dans ce qui constitue désormais une habitude : le dernier Grand Prix, au Japon. Une excellente McLaren, une splendide bataille avec Michael Schumacher et le tour est joué. Facile ? Sûrement pas. La supériorité de sa McLaren ne lui offrait aucune excuse en cas d'échec. Cela tombe bien : Hakkinen n'en a cure. Vitesse, calme, travail, patience et détermination lui on toujours permis de s'imposer. Cette fois encore.

Pascal Dro

Une vie de tout repos

Dominique Leroy, photographe de F1.

En vingt ans,

Nombre d'heures d'avion :	**5 500,**
Nombre de repas au restaurant :	**2 050,**
Nombre d'hôtels :	**650,**
Nombre de voitures de location :	**220,**
Nombre de km parcourus :	**3 807 000,**
Nombre d'heures de sommeil lors des Grands Prix :	**5 680,**
Nombre de pellicules utilisées :	**7 200,**
Nombre de clichés effectués :	**300 000,**
Nombre de clichés gardés :	**80 000,**
Nombre de clichés vendus :	**10 000,**
Nombre de photos publiées :	**6 000,**
Nombre de "fêtes" assumées :	**520,**
Nombre d'heures de travail en course :	**10 494,**
Nombre de cigarettes fumées (aë aïe aïe !) :	**25 600,**
Nombre de conquêtes féminines :	**non communiqué,**
Nombre de bouteilles de Moet et Chandon bues (youpie !) :	**640**

À mon fils Thibault

Photos de famille.

Haut. C'est mon père, Bernard Leroy, qui m'a insufflé, dès mon plus jeune âge, l'amour de la course et de la F1. Ma mère, Paulette m'a, quant à elle, encouragé depuis le début de ma carrière, et supporte encore avec bonne humeur mes frasques et mes caprices. Une sainte femme...

Quant à ma vocation, elle m'est venue suite au vol dans ma Simca Rallye 2, lors du Grand Prix de Monaco 1974, de la caméra et de l'appareil-photo Kodak "Retinette"offerts par mon grand-père. Ah ! la famille...

Bas. C'est une tradition. Chaque année, les pilotes posent ensemble pour une photo souvenir qui fera le tour du monde des magazines spécialisés. Chaque année (ici, le 14 juillet 1996), la famille assez fermée des photographes pose pour une photo souvenir qui ne quittera pas leur album personnel.

Ci-dessus, haut. **La Ligier de François Hesnault, en contre-braquage à Monaco, au virage du Casino.**

Ci-dessus, bas. **En 1984, Jacques Laffite, équipier de Rosberg sur la Williams Honda turbo à Zandvoort. En plein travers, sur cette piste sablonneuse, en bordure de mer.**

En Autriche, cette année-là, Jacques Laffite répond à Williams qui demande des explications à sa contre-performance : "Ta voiture n'avance pas et je t'emmerde !" Je ne suis pas sûr qu'un autre pilote se soit jamais permis ce genre de sortie depuis.

Renault était une équipe de Formule 1 à part entière, construisant châssis et moteurs. Une époque que pourrait faire prochainement revivre Honda.
Bas. Nigel Mansell, Elio de Angelis et Colin Chapman (de dos) en 1984. Une belle équipe, qui aurait pu rendre à Lotus sa gloire des années 60 et 70. Le premier l'a prouvé chez Williams et le destin en a décidé autrement pour les deux autres.

Ci-contre. Niki Lauda, l'année de son retour à la compétition, juste avant l'apparition du fameux moteur TAG-Porsche et l'arrivée d'Alain Prost.

Ci-dessous. Hollande à Zandvoort. Michele Alboreto et son regard caractéristique dans le rétroviseur de sa Ferrari, à côté d'un tachymètre additionnel. Vitesse ? Consommation ?

Page de droite, haut. La Lotus Essex d'Elio de Angelis, floue, capturée au 30e de seconde.

Page de droite, bas, gauche. Sans doute la plus belle Alfa Romeo de l'histoire récente de la marque. Avec sa livrée Benetton et les flammes de son monstrueux moteur turbo, elle n'aura toutefois pas amélioré le palmarès de Riccardo Patrese !

Page de droite, bas, droite. Grand Prix de Monaco 1984. Marc Surer en plein contrebraquage au virage du Casino.

BARCLAY
29

Niki Lauda, de retour en F1, sur la McLaren MP4 Ford au Grand Prix de France. Son casque porte provisoirement les couleurs de sa compagnie d'aviation, Lauda Air.

Page de droite. En haut, gauche. **1997. Dernière saison au volant pour Gerhard Berger. Soucis de santé, perte de son père, Benetton, rétif, le poussent à jeter l'éponge. Berger derrière un volant, c'est fini. Comique lymphatique et ironique, il tire le rideau après une ultime victoire, sa dixième, à Hockenheim.**

En haut, centre. **Il en sourit, mais il reste bien le seul à refuser de parler anglais lors de son Grand Prix national ! Panis est un produit bien de chez nous. Et le restera. Le star-system de la F1 n'y changera rien. Et c'est tant mieux.**

En haut, droite. **D. Leroy, votre humble serviteur, rasé à la crème Chantilly. Rien n'a jamais plus repoussé.**

Milieu, gauche. **On le saura sans**

doute plus tard. Mais la survie, puis le redéploiement de l'écurie Ligier, et enfin la mue en Prost Grand Prix, doivent beaucoup à Olivier Panis. Bagarreur comme un Gaulois, acharné comme un vrai vainqueur, et simple comme au premier jour. Un modèle de comportement.

Milieu, droite. Mythe, légende, superlatifs divers. Tout ou presque a été dit et écrit sur le sujet. Reste une impression bizarre et récurrente : il nous manque.

Bas, gauche. Heinz-Harald Frentzen arroseur.

Bas, droite. Trois marionnettes, certes, mais aussi neuf titres de champion du monde sur ces géants à rire. Avoir une vraie gueule de caricature serait donc une condition pour devenir une légende de la F1 ?

Soir de Grand Prix à Monza. Délires, fumigènes et grillages éventrés. Chaque année à la même époque, avant et après le Grand Prix, les Monza font de véritables fortunes. Les spectateurs vivent le mythe, envahissent la piste, puis rentrent chez eux. Jusqu'à l'an prochain, il jour pour entretenir la flamme.

Ouragan sur la grille de départ du Grand Prix du Brésil 1996, capté par mon bon 500 mm Canon.

Ci-dessus, haut. René Arnoux, 18 pole positions dont 14 sur Renault turbo, avec son casque penché vers l'entrée du virage. Caractéristique.

Ci-dessus, haut. Eddie Cheever, américain élevé à Rome, aura disputé 132 Grands Prix entre 1978 et 1989, sans victoire. En 1997, il remportait les 500 Miles d'Indianapolis. Une victoire qui vaut toutes les occasions gâchées.

À droite. 1984. Première apparition de Senna en F1 à Monaco sur la Toleman-Hart. Sans une interruption de la course, noyée sous un déluge, le Brésilien aurait inscrit pour la première fois dès le lendemain de cette photo son nom au palmarès de l'épreuve, et remporté son premier Grand Prix. La météo et la direction de course en ont décidé autrement.

Marlboro
Segafredo
Candy
SERGIO TACCHINI
19
SERGIO TACCHINI

Ci-dessus. Les couleurs du casque d'Elio de Angelis, disparu en essais en 1986, revivent aujourd'hui grâce à Jean Alesi. Bien sûr, coloris et design ont évolué. Mais ce sont des couleurs que l'Avignonnais a choisies, parce qu'il admirait la personnalité du pilote italien.

Ci-contre. Michele Alboreto, sur sa Ferrari arborant le légendaire n° 27, au Grand Prix de Monaco.

Page de droite. Alain Prost sur sa McLaren. En route vers la seconde de ses trois victoires consécutives à Monaco.

**Monaco 85.
Keke Rosberg,
sur sa Williams
Honda à la
Rascasse.**

C'est avec l'équipe de Faenza qu'il avait brillé en Formule 2. C'est avec cette même équipe Minardi qu'Alessandro Nannini débute en F1. Essais privés d'hiver au Paul-Ricard, avec une lumière crue qui fait ressortir ses yeux.

Ci-contre. L'instant de vérité. Index en l'air, Jean Alesi ordonne la mise à feu du V10. Seul au monde dans sa machine à poles, il entre en piste dans quelques secondes…
Ci-dessus. Les sept lettres magiques, celles à qui la Formule 1 toute entière doit tant, enfouies sous une monstrueuse prise d'air. La légende se passe de clinquant.

Ci-contre. Le "Professeur" Alain Prost prêt à l'attaque.

Ci-dessous. La chaleur du jour ou l'humidité de la nuit peuvent-elles altérer les qualités des pneus ? A moins que l'on souhaite ainsi cacher ses choix à ses adversaires…

RENAULT
elf

elf

RACING SERVICE

À gauche, haut. Associé au Français Patrick Tambay, Derek Warwick vit cette année un calvaire chez Renault. A la fin de la saison, la Régie jette l'éponge.

À gauche, milieu. Patrick Tambay y aura beaucoup cru. Préparation physique hivernale intensive, perte de poids, moral affûté... Il n'a pas ménagé sa peine pour être fin prêt pour cette saison. Mais le moral et l'ambition de l'équipe n'y sont plus.

À gauche, bas. Marlboro en F2 avec Spirit, puis Barclay chez Arrows et Williams et enfin Gitanes chez Ligier. Mais c'est le jaune Camel de ses Benetton de 87 et 88 qui se marie le mieux avec les couleurs du casque de Thierry Boutsen.

Ci-contre. La tête sous les étoiles, l'esprit déjà ailleurs.

Pas une coulée volcanique. Pas davantage du chocolat fondant…

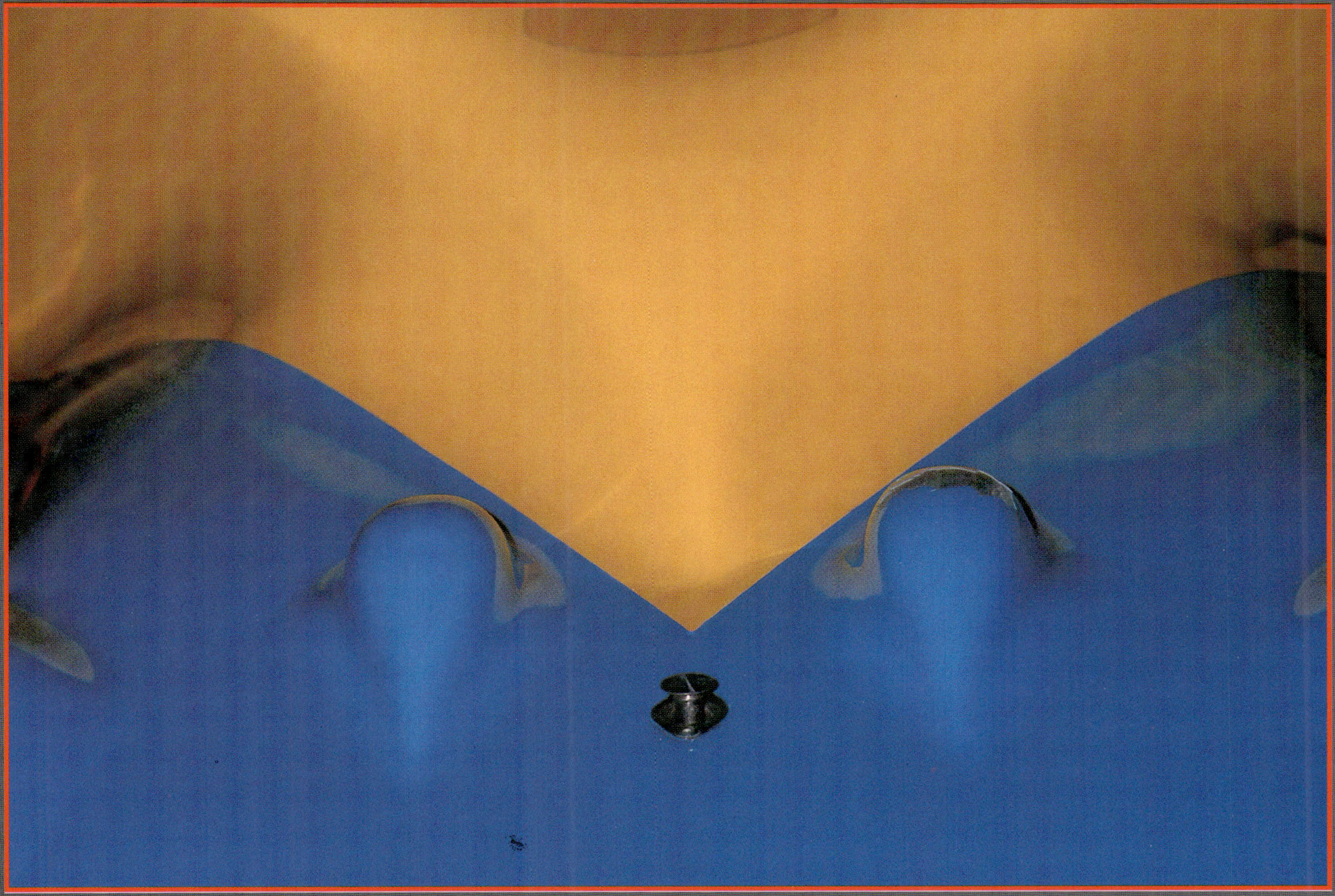

Décolleté florentin ou capot moteur de Benetton ? À vous de choisir…

Esthétique graphique sur reflets de Mac-Laren, au 24 mm Canon.

Pourquoi cette photo ? Je ne sais pas… Ce ne sont que des formes, ombres et lumières, qui ont attiré mon œil. Je n'arrive toujours pas à savoir pourquoi, mais j'aime…

Sous la peinture ultrafine, la lumière du jour affleure, laissant apparaître la peau de carbone. Plasturgie d'art.

On dit des couleurs qu'elles conditionnent notre perception de la vitesse. Que les voitures rouges paraissent plus rapides que les noires et les grises. Quid des Larousse, rouges, vertes et jaunes ?

Ci-dessus, da haut en bas.
• Balayage au 30e de seconde. Senna, sur la Lotus JPS, finira la course en 3e position, derrière Prost et Rosberg, sur McLaren.
• Alboreto, sur une des Tyrrell de ses débuts, au Paul-Ricard. Au 30e de seconde flou.
• Keke Rosberg, sur McLaren TAG Porsche, dans la ligne droite du Mistral, au Castellet. Drôle de couleurs et drôle d'ambiance. Le Finlandais achevait sa carrière en F1 aux côtés de Prost, qui ne lui fit aucun cadeau.
• Cette année-là, au Paul-Ricard, on avait peint les bas-côtés de la piste en bleu ciel, rehaussé par le ciel de Provence. Une riche idée. Nelson Piquet passe la courbe de Signe à fond. La première fois depuis l'interdiction des jupes.

Ci-dessus. Pour Senna, 1986 est une saison pour gagner. Fini l'apprentissage. Avec une équipe Lotus qui sait détenir une perle, il envisage sérieusement le titre mondial. Mais McLaren est mieux armé. Il se classe quatrième du championnat.

Ci-contre. Beatrice Lola, c'était de gros moyens, de grosses ambitions et un gros pilote. Tout cela est parti en fumée depuis bien longtemps. Alan Jones n'était plus le buffle arrogant des années 79, 80 et 81.

Ci-dessus. **Jacques Laffite et Ligier. Une des plus belles histoires d'hommes de la F1. Au premier comme au dernier jour de sa carrière en F1. Ses six victoires, c'est sur Ligier qu'il les a conquises.**

Ci-contre. **Toujours cette Tyrrell atmosphérique d'Alboreto, dépourvue de pontons. Simple comme une intelligente monoplace née de la tradition des fabricants de châssis britanniques.**

benetton

Hockenheim 1986. A cette époque, la consommation régit la F1. Alain Prost, en panne sèche avant la ligne d'arrivée, descend et pousse sa McLaren. On est bien loin du sport ! Cela a disparu depuis. Ouf !

Dans la descente du Loews, la Benetton BMW de Gerhard Berger prend feu. Une maladie alors presque chronique pour le surpuissant quatre cylindres BMW turbo.

Alain Prost, entre les rails de Monaco en 1986.

1987. C'est le hasard, si le casque rouge et blanc de Piquet se trouve auréolé de blanc. C'est également le hasard, si les deux parties jaunes de sa Williams sont rehaussées de jaune. Mais parfois, le hasard fait bien les choses, non ?

Ci-dessus, haut. **Ayrton Senna attaque l'entrée de la piscine, à Monaco. Dans une fraction de seconde, il frôlera le rail.**

Ci-dessus, bas. **Nigel Mansell, sur Williams. chocs avec la piste.**

Page de droite. **Andrea de Cesaris sur Minardi, à Monza, en contre-jour avec des flammes qui s'échappent du diffuseur.**

Reporter
GILMAR
Kesla

elf

Page de gauche. Zeltweg, Autriche, 1987. Ayrton Senna, sur sa Lotus, au milieu des pâquerettes. Un cliché qui me fait toujours sourire.

Ci-dessus. À Estoril, au Portugal, le départ tourna à la catastrophe. René Arnoux, au premier plan, regarde ses concurrents s'enfuir sans lui.

Ci-contre. Pour nous photographes, le toboggan de Zeltweg, en Autriche, était une aubaine. Nos photos n'ont pas gagné grand-chose lorsqu'il fut abandonné, puis remplacé par l'insipide A1-Ring.

1. Pour l'anniversaire du six centième Grand Prix Ferrari, dignement fêté à Monza, les plus vieux mécaniciens de la Scuderia étaient là. Les plus belles et les plus drôles – petites – histoires de la F1, c'est de leurs tables qu'elles fusaient.

2. Quand ça rit dans l'équipe (ici chez Williams), les techniciens méritent comme les autres le droit de sourire. Les jobs les plus durs de la F1, ce sont eux qui les font. Même stress, même vie familiale saccagée, peu de gloire et pas de salaires mirifiques. Reste la passion F1. Toujours la même…

3. Grand Prix d'Allemagne 1995. Schumacher, vainqueur de son Grand Prix national, si cher à son cœur, laisse exploser sa joie dans un saut désormais devenu légendaire. Aujourd'hui, il saute encore plus haut qu'alors.

4. Jeunes, beaux (elle, surtout), riches, heureux, en bonne santé, adulés, irrésistibles. Les Schumacher ont conquis tout ce que la vie peut donner. Pour cela, Michael se bat comme un lion depuis 20 ans déjà. Quel que soit l'avis que l'on a sur ses méthodes, l'énergie déployée est considérable et incontestable.

5. Piloter pour Benetton n'avait pas que des désavantages ! Ce que l'écurie anglo-italienne ne donnait pas en performance, elle le rendait au centuple en glamour. Le problème, c'était que ni Alesi, ni Berger n'étaient là pour cela. Embaucher les ex-duettistes de Ferrari pour cela, c'était donner de la confiture aux cochons.

6. Entarter Bernie Ecclestone, le Citizen Kane de la F1, seul Michael Schumacher pouvait se le permettre. Palmarès et position incontournable obligent. Son irrévérence et son positionnement décalé ont poussé Jacques Villeneuve à lui emboîter le pas. Si Jean Todt semble apprécier, Luca di Montezemolo – cible de choix – feint de ne rien voir.

Haut, gauche. Lors de ses deux passages à Aïda, ce ne sont pas les paysages ou l'architecture des lieux qui ont marqué l'œil des photographes du Circus. Les regards des enfants, leur curiosité à fleur de peau, leur simplicité désarmante en revanche…

Haut, droite. Prost, traqué par mon 300 Canon, se détend au golf.

Bas, gauche. Pour les organismes du petit monde très européen des Grands Prix, la diététique nippone est terrible !

Milieu, droite. Faut-il en rire ? Des reliquats de conquérants romains se seraient glissés parmi les tifosi ? Ferrari, désormais en route vers de nouvelles conquêtes, porte les espoirs de tout un peuple.

Bas, droite. C'est bien connu : pour faire de la F1, il faut conserver un cœur d'enfant. Eddie Jordan, qui va bientôt quitter l'école, le sait. A 50 ans, il cultive ses plaisanteries de potache comme personne et s'efforce de maintenir dans son équipe une atmosphère ouverte et joviale. Petits et grands enfants apprécient…

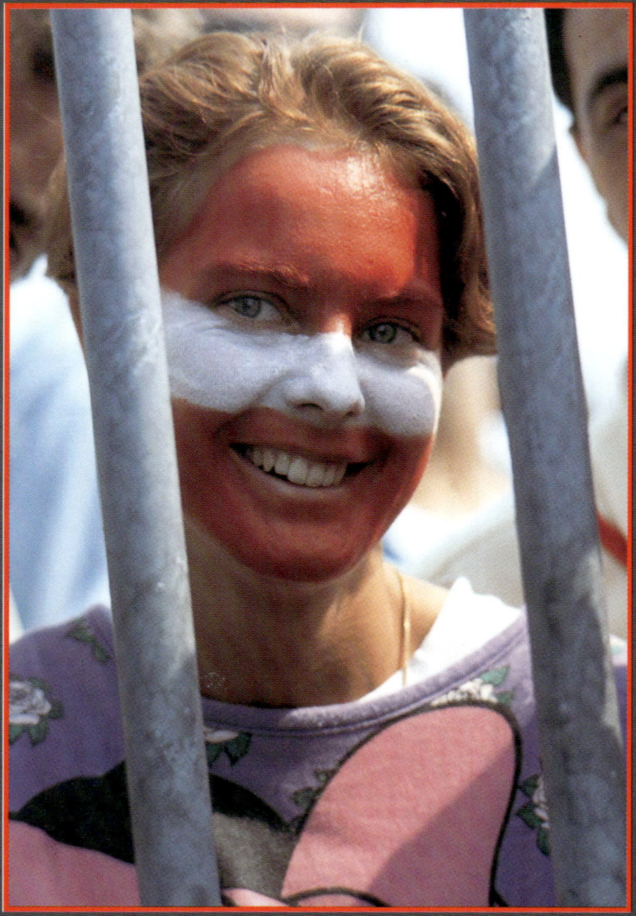

Ci-contre. Rindt d'abord et Lauda pour les champions du monde. Gerhard Berger ensuite et Alexander Wurz aujourd'hui. Le petit pays montagneux et isolé d'Autriche voue une passion jamais démentie pour la F1.

Ci-dessus, gauche. Supporter à chapeau (et litre de) rouge.

Ci-dessus, haut, droite. Les photographes français de la F1, un soir de 14 juillet. Dans l'univers essentiellement anglo-saxon de la F1 de ces dernières années, la bruyante colonie française ne manque jamais une occasion de faire valoir ses valeurs traditionnelles. Baguette, rouge, saucisson et béret.

Ci-dessus, bas, droite. Idem du côté des journalistes. Sous l'œil dubitatif de Jean Alesi, son frère José, Johnny Rives (L'Equipe), Lionel Froissard (Libération) et Jean-Louis Moncet (Sport Auto et TF1) arrosent dignement la fête nationale. Cela, au moins, les Anglais ne le comprendront jamais !

1. **Tout le monde le sait : Benetton fait dans la maille. La demoiselle fait dans le chic. Et je raffole du chic et des demoiselles de la F1 !**

2. **La lumière, toujours la lumière. Comme un amplificateur de la nature profonde des couleurs et des textures.**

3. **N'y voyez pas de mal. Après tout, la F1, c'est un job pour 500 personnes et un plaisir pour les yeux des 50 milliards de téléspectateurs (source FIA), non ?**

4. **Depuis qu'Eddie Jordan a fait apparaître Melinda Messenger sur son stand, la F1 n'a plus d'yeux que pour elle. Le moins que l'on puisse dire, c'est qu'elle concentre les regards sur les couleurs du sponsor des Jordan…**

Ci-contre. Grand Prix de France 1988. Au fil de la saison, on voit apparaître différents artifices sur les carrosseries. Ils permettent de résoudre des problèmes ponctuels (chaleur, freinage,...) et disparaissent pour la course suivante. C'est toujours sympa d'exercer sa curiosité sur ces petites choses (ici, une prise d'air de freins).

Page de droite. En 1988, les cockpits encore échancrés permettaient de suivre et apprécier le travail des pilotes au volant. Depuis, ils se sont transformés en cellules de survie enveloppantes. Les photos y perdent ce que les pilotes gagnent en sécurité. Personne ne peut s'en plaindre.

NACIONAL
Senna
BOSS
Marlboro
POWERED by
HONDA
Marlboro
Shell

Page de gauche, haut. À cette époque, en 1988, on indiquait à chaque pilote son trajet pour rentrer au stand par des bandes adhésives fixées au sol. Chez Ferrari, ces bandes étaient vertes, blanches et rouges. Deux Ferrari (Alboreto et Berger) alignées côte à côte dans le même stand, c'est rarissime.

Page de gauche, bas, gauche. Grand Prix de France 1988. Cette année-là, le Honda turbo sous le pied droit de Senna, c'était l'arme absolue.

Page de gauche, bas, droite. Pour remporter le titre mondial des conducteurs 1988 et battre Prost, Senna avait tout donné. Il s'est imposé avec trois points d'avance.

Ci-contre. Le nouveau business de la F1, ce sont les loges pour sponsors, entreprises ! Un moyen de faire des affaires dans un contexte dynamique, en dehors des bureaux.

Ci-dessous. Detroit 1988. Rouge et blanc. Les couleurs des vibreurs renvoient l'œil à celles de la Ferrari. Comme si Ferrari, la piste et la course n'étaient qu'une seule et même histoire.

Page de droite. Phœnix 1988. Les Benetton (ici, celle de Thierry Boutsen) n'y pouvaient rien. Il était écrit que 1988 serait l'année McLaren. McLaren : 199 points, Ferrari : 65 points et Benetton : 39 points. Vous avez dit domination ?

Marlboro

possède un QI qui le classe dans la catégorie des surdoués.

waste-gates (ici, celles d'Alessandro Nannini sur la Minardi) ont

l'Arrows Megatron. L'opiniâtreté des deux partis n'aura jamais amené la gloire.

Page de droite. Alessandro Nannini, en fâcheuse posture à bord de sa Benetton à l'aura acquise cette année-là au Japon, après la disqualification de Senna.

POWERED BY
Ford
Mobil 1
Ford

Page de gauche, haut. Montée du Raidillon, à Spa, sous la pluie. Aileron arrière biplan : un minimum pour garder la Ferrari de Berger sur la piste par grosse averse !

Page de gauche, bas. Réfléchir, anticiper les évolutions et dégradations de la voiture durant la course. Trouver le compromis idéal. A ce petit jeu, jamais pilote n'aura autant dominé son sujet qu'Alain Prost. A ce petit jeu également, pas un de ses ongles n'aura résisté.

Ci-dessus. Philippe Alliot sur sa Larousse, au cours des essais hivernaux de 1989. On voit clairement le travail des suspensions avant, que l'on imagine souvent absentes sur les F1. Ici, l'appui est très visible sur le triangle supérieur droit.

GITANES
Marlboro

Page de gauche. Pour ce superbe coucher de soleil au pont Ricard, pas besoin de filtre orange. Juste un 500 mm Canon.

Ci-dessus. Paul-Ricard 1989. Mauricio Gugelmin, le Brésilien, part dans une toupie au bout de la ligne droite des stands. La voiture s'envole et retombe, pulvérisée. Le Brésilien est indemne.

Ci-contre, haut. **Grand Prix du Portugal 1989. Senna enjambe la barrière, Mansell s'extrait de sa Ferrari. Le bras de fer est terminé. Aucun n'a cédé. Personne n'a gagné.**

Ci-contre, milieu. **Riccardo Patrese, 256 Grands Prix disputés, six victoires et pas une égratignure. Un miracle !**

Ci-contre, bas. **Paolo Barilla, héritier des pâtes du même nom, n'aura pas marqué les annales de la F1. Au Grand Prix de Belgique 1989, au Raidillon, il réalise son plus haut fait d'arme en F1 sur la Minardi. La boîte de vitesses et le train arrière sont arrachés.**

Page de droite. **Grand Prix d'Allemagne 1990. Retour de flamme pour Nigel Mansell et sa Ferrari.**

Agip
Agip

Stefan Johansson sur son Onyx vient de casser un disque de freins. Onyx, puis brièvement Monteverdi : ce genre d'équipe fait partie des étoiles filantes de la F1. Elles se font de plus en plus rares.

Page de droite, haut. Estoril 1990. Gerhard Berger emprunte le côté le

Ford

Agip

Ci-dessus, haut. Au Japon en 1990, lors de la finale du championnat du monde, Alain Prost et Ayrton s'accrochent. Senna est champion. Prost a amené sa Ferrari à la seconde place du classement final. Mes collègues ont choisi la photo où ils quittent leur monoplace. Moi, j'ai toujours préféré celle-ci. Infiniment plus drôle à mon goût.

Ci-dessus, bas. Prost sur la Ferrari n° 1 (il est champion du monde en titre) et Senna sur la McLaren poursuivent leur duel de géants à Montréal. Chacun dispose cette année d'une grande équipe à son entière disposition. Plus confortable pour les pilotes plus valorisant pour le spectacle.

Ci-dessus, haut. À Monaco, l'Hôtel de Paris, moteur de la McLaren d'Alain Prost, soit complet. *Ci-dessus, bas.* Ayrton, chez lui grosse bourde en tête. Qui dit mieux ?

MITSUKOSHI
PIRELLI
P ZERO
BOSCH

Page de gauche, haut. Plus de peur que de mal pour Ricardo Patrese, qui revient du rail sur trois roues, au Grand Prix du Japon.

Page de gauche, bas, gauche. En 1991, un an avant la disparition de l'équipe, la Brabham (Mark Blundell au volant) explorait ses limites et celle de la piste de Jerez. Grandeur et décadence d'une équipe de légende.

Page de gauche, bas, droite. Martin Brundle, également sur Brabham, ne fera pas beaucoup mieux à Monza que Mark Blundell à Jerez.

Ci-dessus, haut. Dans la légendaire montée du Raidillon, à Spa, après une compression terrible. Nelson Piquet au volant de la Benetton Ford. La fin de sa carrière est proche.

Ci-dessus, bas. Roues bloquées dans les graviers : le Brésilien Mauricio Gugelmin n'aura pas marqué la mémoire de la Formule 1. Dix points en cinq saisons, rares sont les pilotes à avoir fait moins !

Ci-dessus. **Les néons du tunnel installent une ambiance bizarre. Un peu à la manière de ceux d'une vitrine de grand magasin. La lumière artificielle chaude fait scintiller Piquet et sa Benetton Ford sous le tunnel de Monaco.**

Page de droite, haut. **Nigel Mansell, au boulot. Les séances d'essais hivernales sur le circuit Paul-Ricard me fascinent toujours. D'abord parce que c'est sur ce même circuit, à quelques kilomètres de ma bonne vieille ville de Nîmes que j'ai réalisé mes premiers clichés. Et ensuite, parce que la lumière crue, glaciale et dorée de l'hiver y est toujours somptueuse.**

Page de droite, bas. **En 1991, Senna et sa McLaren Honda sont souverains. Mansell, 4e du championnat précédent, se construit en même temps que la saga Williams-Renault. Il se classe second cette année et remporte le titre l'année suivante. Douze ans de patience et de pilotage forcené pour en arriver là. Chapeau !**

elf

elf
Mansell
RENAULT
Labatt's
Labatt's

gauche. Senna, vainqueur du Grand Prix du Brésil 1992. La cinquième de ses six victoires à domicile. Pour le Brésil et son idole, ces victoires étaient des moments de joie immense. Les tribunes, la ville et le pays vivaient ce Grand Prix comme jamais depuis.

Ci-contre, droite. La course fut dure. Le tourniquet d'Interlagos ne pardonne aucune erreur et exige une condition physique parfaite. Ce jour-là, Senna a vraiment souffert pour s'imposer.

Page de droite. Jean Alesi, pour sa première saison chez Ferrari, aux côtés de Prost. Les flammes éclairent le dessous des ailerons, eux-mêmes jaunes. Ce Grand Prix d'Espagne se disputait pourtant de jour !

Agip
Agip
28

Ci-contre, haut. Des bagarres comme celle-ci, au Grand Prix d'Espagne 1991, entre Jean Alesi et Ayrton Senna, constituent toujours de grands moments. Parfois, on a envie de poser son matériel et de savourer le spectacle comme un spectateur. Quand c'est le cas, le spectacle est tellement beau qu'il ne faut pas en rater une miette.

Ci-contre, bas. À plus de 300 km/h dans la grande ligne droite, roue contre roue, ni Senna ni Mansell n'ont l'intention de céder. Je me suis toujours demandé : ne seraient-ils pas en train de se regarder du coin de l'œil ?

Page de droite. Mauricio Gugelmin sur la Jordan Yamaha, à Monaco, en 1992. La voiture tape sur toutes bosses. A la fin de l'année, le Brésilien quitte la F1 pour l'IndyCar, aux

SASOL
YAMAHA
33
Philips
Car Stereo
SASOL
BOSCH

Ci-dessus. Gros plan de Thierry Boutsen, au Grand Prix de Hongrie, sur Benetton.

Page de droite, à droite, haut. Un mouvement ? Pas vraiment. Pourtant, la lumière semble laisser filer et s'entremêler les couleurs.

Page de droite, bas. Samedi soir, après les essais, toute la F1 se détend de manière assez surprenante. La lumière du soir profite de ces moments d'inattention d'un week-end de Grand Prix pour y instiller une certaine douceur. Plutôt bienvenu.

Ci-dessous, haut. 1992. Michael Schumacher, au Grand Prix du Mexique. Jamais l'Allemand n'a rechigné à mettre la main à la pâte. La voiture, c'est lui qui l'a sortie de la piste. C'est donc lui qui la sort du bac à sable.

Ci-dessus, bas. Giovana Amati, pensive, au Brésil. La belle Italienne réalise que sa modeste Brabham ne lui permettra jamais de percer. Elle jette l'éponge après trois tentatives. Giovanna Amati m'a dit une fois qu'en F3000 un pilote la draguait. A la fin, elle en a eu assez. Elle lui a dit : OK, rendez-vous ce soir, bungalow numéro 9. C'était l'obèse secrétaire du team qui l'occupait ! Elle a appelé la sécurité qui l'a embarqué ! La veille de la course !

Page de droite, haut. En 1992, le prestigieux Team Lotus (ici, Hakkinen et Herbert), tant de fois vainqueur, n'a plus qu'un an à vivre. Comme Brabham, comme Tyrrell aujourd'hui, les géniaux assembleurs britanniques disparaissent progressivement de la F1, au profit de bureaux d'étude hyperstructurés du type McLaren ou Williams. Une autre époque.

Page de droite, bas. A Monaco, à peine la ligne d'arrivée franchie côte à côte, Senna et Mansell lèvent le poing. Manière d'influencer les juges ? Pas vraiment. A cet instant, tous deux sont certains de leur victoire. C'est le moustachu qui l'emporte.

HITACHI
HITACHI

Page de gauche. La foule et l'équipe Ferrari s'agitent. Jean Alesi reste seul avec sa déception, isolé par son casque.

Page de droite, haut. Sur les Grands Prix nord-américains, les stickers Honda des McLaren et de leurs pilotes cédaient leur place à de mystérieux Acura. Il s'agit d'une marque inventée pour le marché US, sous laquelle sont distribuées les Honda haut de gamme.

Page de droite, bas. J'adorais les rétros en forme de périscope de ces Ferrari. Avec Jean au volant, à Monaco, je les aimais encore plus.

GOODYEAR
NACIONAL
ACURA

1992. Un moteur explosé ? Non. Juste les gerbes d'eau, mêlées aux étincelles produites par les chocs du sabot de la Tyrrell d'Olivier Grouillard sur l'asphalte.

En haut, à gauche. Melle Benetton. Pour les modèles comme pour les photographes, l'attraction Ferrari demeure ce qui existe de plus puissant en F1. Là, on trouve la gloire, l'histoire et un glamou inégalable.

En haut, à droite. Erreur, il ne s'agit pas d'Alerte à Malibu. Pour fêter son six-centième Grand Prix, Ferrari avait invité quelques grands noms de son histoire et de son palmarès. John Surtees et René Arnous avaient reçu des applaudissements polis. Cette jeune personne, violoniste virtuose de profession, avait accaparé l'œil et l'objectif de tous les photographes. Comme on les comprend…

En bas, à gauche. Haut en couleur chez Benetton, "50 mm Canon".

En bas, à droite. Le Brésil, les métissages les plus audacieux, les couleurs, la fête, la passion pour la course, les légendes du cru comme Fittipaldi, Piquet, Senna… Pour tous les gens de la F1, le Brésil reste la réserve de souvenirs la plus colorée. La perspective d'un retour en Amérique du Sud leur permet à tous de supporter les longs mois d'hiver et d'intersaison.

À gauche, haut. Elle s'appelle Elle McPherson. Elle est australienne et surnommée The Body (le corps). Élue plus belle femme du monde voici quelques années, elle se retrouve aujourd'hui dans la peau d'une des plus riches retraitées des plateaux, des plus belles mamans du monde. Pour Ferrari, ce choix tactique est incontestable.

À gauche, milieu. Regardez-moi bien dans les yeux. J'ai dit dans les yeux… Les modèles Jordan sont de plus en plus latex. L'avantage ? Ça brille sur les photos !

À droite, haut. Au Japon, les hôtesses des circuits sont devenues une institution. Chaque sponsor a ses modèles attitrés. Des magazines leur sont consacrés et les plus populaires d'entre elles poursuivent leur carrière dans des séries télé. Pour Mild Seven, le cigaretier local, le Grand Prix du Japon est une occasion unique pour faire feu de tout bois.

En bas, à gauche. Giovanna Amati, brillante animatrice des pelotons de Formule 3000, n'a tenté que trois qualifications en F1. C'était en 1992, au volant d'une vacillante Brabham. On l'appréciait en piste. On l'apprécie derrière un piano aujourd'hui.

En bas, à droite. L'histoire ne nous dit pas si J.J. Lehto avait déjà été licencié de chez Benneton ou s'il attendait en short dans le camion que le mannequin lui rende sa combinaison de course.

Ci-contre, haut. **Une des quarante et une victoires de Senna, ici au Brésil. Le cérémonial allait devenir une habitude.**

Ci-contre, bas. **La plus belle époque d'Ayrton. Sous les couleurs Marlboro de McLaren. Une victoire de plus au Brésil.**

Page de gauche. Michael Schumacher jugeait son ex-coéquipier chez Sauber-Mercedes, Karl Wendlinger, taciturne et introverti. A l'époque, personne n'estimait que l'un était meilleur que l'autre. Et surtout pas Peter Sauber, qui réengagea l'Autrichien en F1.

Page de droite. Kami Katayama, un Japonais bien sympathique de la F1, aujourd'hui retraité.

Page de gauche. 1993. Vertige d'une trajectoire tendue, d'une corde à l'autre. Ayrton Senna, à Donington, en Grande-Bretagne.

Page de droite. A Donington toujours, le même Ayrton en pleine démonstration sous la pluie.

Dennis, directeur de l'écurie McLaren, dit à Jean qu'il avait "quelque chose" pour lui, fouina dans le coffre de sa voiture... et ressortit un énorme sac rempli de glaçons, qu'il déversa sur lui, histoire de climatiser sa décapotable.

Page de droite. Au trentième de seconde, à Monaco, vu de dessus.

Ci-dessus. **Martin Brundle, casqué et concentré, dans son cockpit. Dernières secondes avant l'entrée dans l'arène. Notez ses gants troués !**

Ci-contre. **Philippe Alliot se prépare dans le cockpit de sa Larousse. Pour lui, ces années furent les plus belles de sa carrière. Pilote n° 1 d'une équipe française. Avant et après la trouble époque Ligier.**

Ci-dessus. **Senna, toujours concentré, presque obsédé par son étrange quête de victoires plus que de perfection, selon moi.**

Ci-contre. **Le doigt levé signifie Moteur. Une tradition que la radio dans les casques n'a pas perturbée.**

Page de gauche. Les regards des pilotes (ici Martin Brundle, sur sa Benetton) ont toujours quelque chose d'halluciné ou d'effrayant. Travaillent-ils la question ou est-ce la recherche permanente de la limite qui veut cela ? Je l'ignore.

Page de droite. Facile, ce gros plan sur les yeux de Cesaris ? Pas exactement. Il est tellement bourré de tics que capturer ses yeux ouverts, sans grimaces, relève de l'exploit. Un sympathique et très rapide Italien au demeurant.

Ci-dessus, gauche. Grand Prix du Portugal 1993. Aguri Suzuki vient de taper le rail, arrachant tous les panneaux publicitaires.

Ci-dessus, droite. Herbert, Zanardi, Lamy (ici, après un accrochage). Lotus vit ses dernières courses.

Ci-contre. Accrochage au Grand Prix du Brésil, entre Michael Andretti sur McLaren (il sera remercié avant la fin de la saison) et Gerhard Berger (sur la Ferrari). Beau joueur, l'Américain se précipite pour savoir si l'Autrichien va bien. Il vient pourtant de le sortir.

Ci-dessus. Au départ, à Monaco, on voit les pilotes tourner la tête à gauche et à droite pendant tout le premier tour. On se méfie, on se protège : chaque épingle est une souricière.

Ci-contre. Avant, les pilotes voyaient les photographes, sur le bord de la piste et nous saluaient parfois. Aujourd'hui, leurs petits gestes sympas se font rares. En cela, Jean Alesi est un pilote aux manières d'une autre époque.

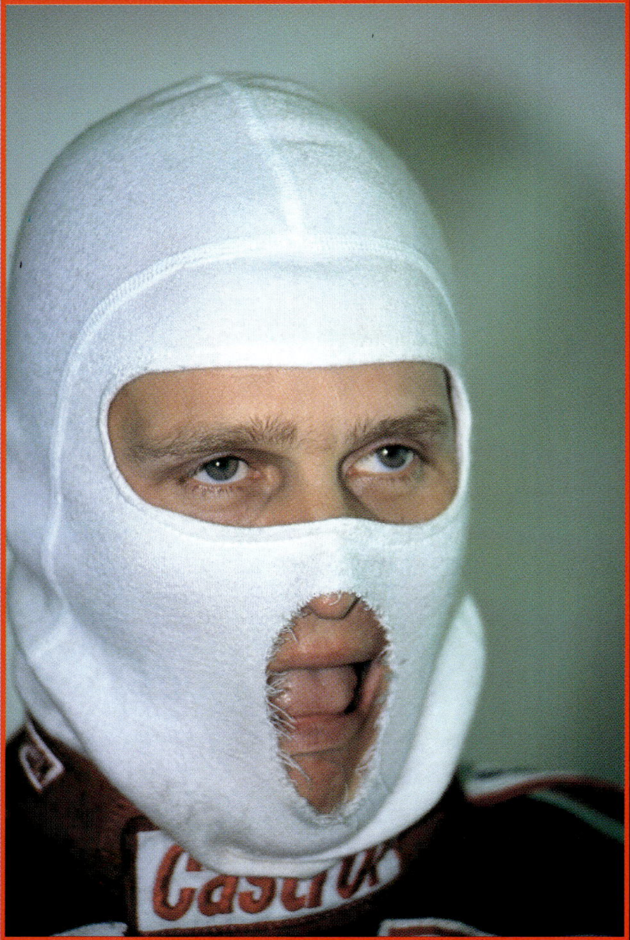

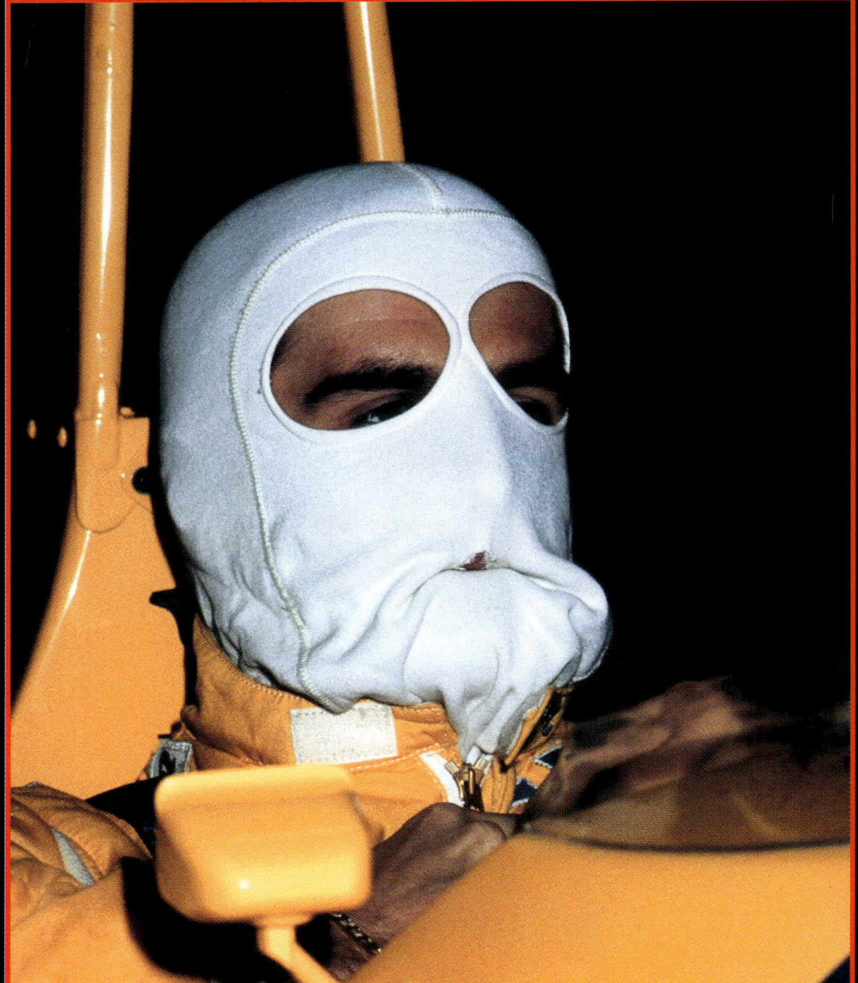

Ci-dessus, gauche. **Johnny Herbert a troué sa cagoule pour pouvoir boire et mieux respirer au volant. Vous avez dit drôle de tête ?**

Ci-dessus, droite. **Il va la manger. C'est sûr ! Il va la**

Ci-dessus, gauche. 1994. Il est des résultats chèrement payés, qui font tombé le flegme et l'éducation du plus Britannique des Britanniques, n'est-il pas ?

Ce que j'aime chez Damon Hill, c'est sa simplicité et son sens de l'humour. Un jour, il m'a raconté une histoire véridique, survenue lors d'un cocktail. Damon lance une cuiller à son meilleur ami, qui la rate et se casse deux dents. Il était plié en quatre, en se remémorant la scène !

Ci-dessus, droite.

On a été tellement injuste avec Jean Alesi. Si les gens qui le critiquent parlaient seulement aussi bien autant de langues que lui ! Français, anglais, italien et même le patois des pilotes, qui se parle avec les mains, la bouche et les fesses !

Ci-contre.

Alesi et Berger, ensemble chez Ferrari. Passion en rouge. Ciel et regards en bleu. A défaut de mieux.

Ci-contre, haut. Le mécano de dos, au lève-rapide, dispose aujourd'hui d'un outil hydraulique. C'est à lui que revenait le rôle le plus physique du ravitaillement. C'est lui qui supportait le plus gros risque de défaillance.

Ci-contre, bas. En 1995, quatre pilotes auront occupé le baquet de la rétive McLaren : Mansell, Hakkinen, Blundell et Magnussen. Le moins que l'on puisse dire, c'est que la première collaboration anglo-germanique n'avait rien d'un succès.

Page de droite. Spa-Francorchamps, 1995. Jean Alesi, second, en pleine remontée, abandonne dès le troisième tour. Je suis là. Il descend de sa Ferrari, s'agenouille et frappe l'asphalte brûlante de son casque. Je n'ose imaginer l'expression de son visage.

Ci-dessus, gauche. **Johnny Herbert, qui s'efforce de faire avancer la rétive Lotus 102B en fâcheuse posture à Monza.**

Ci-dessus, droite. **En 1994, dans la Jordan, Irvine avait tout à prouver. Il y parvenait brillamment, non sans faire oublier ses travers de pilote indoublable, à la limite du correct, qui lui avait valu une désastreuse mais juste réputation en F3000 européenne.**

Ci-contre. **On a rarement l'occasion d'admirer – et encore moins de photographier – le fond plat d'une F1. sabot central, en bois, remplacé après chaque séance et chaque course. Ebéniste : le métier le plus méconnu de la F1 !**

Ci-contre, haut. Il y a des dimanches, comme cela, où rien ne veut aller droit.

Ci-contre, bas. Je ne sais plus qui disait que tant qu'on n'a pas tout donné, on n'a rien donné. Chaque fois que je vois cette attitude de Jean Alesi dans la Ferrari, je pense à cette maxime.

Anonyme et peu gratifiant, le travail hivernal des équipes de F1 conditionne le résultat de toute la saison. Une fois les premiers Grands Prix passés, aucune d'entre elles ne possède les ressources pour refaire une monoplace ratée ou combler son retard en matière de développement.

Un amateur n'aurait pas raté ce cliché. Lumière, sujet, composition : tout y est. Facile…

1994. Ayrton Senna sur la Williams Renault. En début de saison, le Brésilien est inquiet. Sa fastueuse période McLaren est terminée, le voici chez Williams, à la place de son adversaire historique (Alain Prost, retraité). Sa motivation n'est pas ce qu'elle était et la nervosité de sa voiture lui donne quelques soucis. Une fois au volant, en revanche, les soucis s'envolent.

Schumi au "300 Canon", en silhouette de Moët et

Page de gauche, haut. Monaco est un paradis pour les sponsors. Non seulement parce que la réglementation sur la publicité y est très libérale, mais aussi parce que les F1 y adoptent des ailerons bi, tri ou quadriplan, comme cette Jordan, paisible à 30 cm du rail.

Page de gauche, bas. Dans ce cliché, je trouve toute la folie de ce passage incroyable sous le tunnel de Monaco. Pour nous, photographes, les boules Quies et un casque antibruit y sont obligatoires.

Page de droite. Berger à Monaco : Vous avez vu des vibreurs ? Où ?

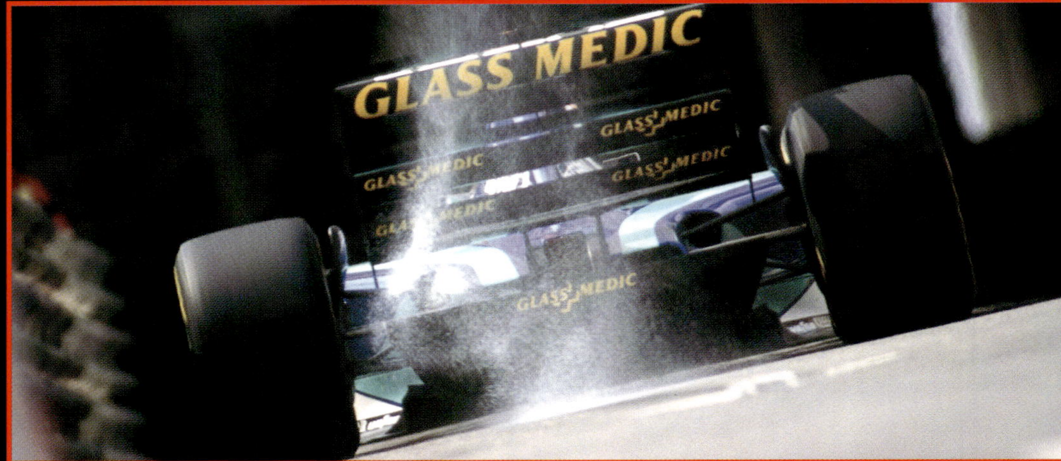

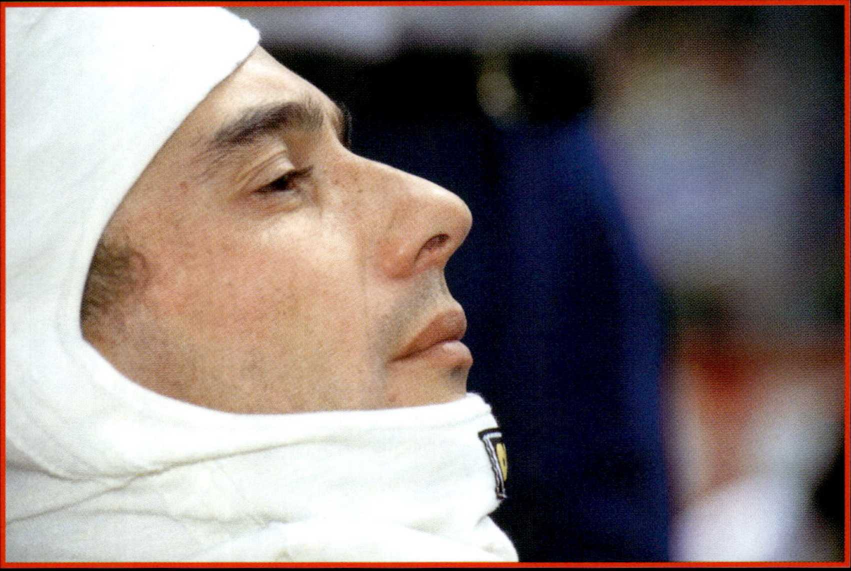

Page de gauche. **Ayrton Senna, trois minutes avant sa dernière course. C'était un champion hors normes. Mais c'était aussi un personnage mystérieux. Par ses attitudes, les expressions de son visage. À le regarder, il était difficile de s'imaginer que cette sorte d'icône pouvait devenir un combattant enragé en piste.**

Page de droite. **Mais où sont les autres ? Michael Schumacher, départ. En première position devant Ayrton Senna, il ignore encore tout du drame qui vient juste de coûter la vie au champion brésilien...**

MILD SEVEN
30829
IMOLA
PIT LANE

À gauche. Hongrie 1994. Sur ce qui reste son circuit fétiche (allez savoir pourquoi !), Hill est battu par Schumacher. Les drapeaux anglais sortis de nulle part acclament tout de même l'Anglais, qui achève le championnat à cette position.

À droite. Ce jour-là, j'ai vraiment eu peur. Pourtant, nous connaissons l'importance des mesures de sécurité qui entourent l'espace et le moment des ravitaillements. Il n'empêche : je n'aurais pas voulu être dans la Benetton !

BENETTON
Lpr
BRAKES ON

photo, c'est la lumière qui lèche les pontons, se confond avec la couleur claire du bord de la piste, à l'arrière plan. Celle-ci, je l'apprécie vraiment.

Page de droite. Quand j'ai pris ce cliché, en 1994, je me suis posé des questions… Lorsque je l'ai vu développé, j'ai eu l'étrange et désagréable impression que la tête de Martin Brundle était posée dans son casque sur un coussin de velours. Maintenant qu'il a pris sa retraite, je peux le dire… Un véritable malaise

Ci-dessus. Non, nous ne sommes pas dans un champ ! On pourrait le croire tant on a l'habitude de voir les F1 dans des environnements différents. Le sujet central ressort d'autant mieux que le bleu et ce vert ne s'harmonisent pas bien.

Ci-contre. Il ne l'aimait pas cette Williams. Mais il était là. Alors il donnait tout, comme au premier jour…

À gauche, haut. Montréal 1995. Jean Alesi vainqueur. Cette image, j'aurais dû pouvoir la faire quinze fois déjà. Il a si souvent fini deuxième ou troisième que cette unique victoire à ce jour relève de l'injustice. Lui y croit encore dur comme fer. Moi aussi.

À droite, haut. Grand Prix du Canada 1995.

C'est mon podium préféré. Jean Alesi a gagné sur Ferrari. Jean, c'est mon pote. Le voir en haut du podium, capter son bonheur d'avoir enfin fait gagné cette satanée Ferrari me remplit de bonheur. Je crois même que des larmes me sont montées aux yeux. Un des plus beaux dimanches de ma carrière.

À gauche, bas. Ma, vous mé reconnaissez ? L'Allemagne pour le pilote, le Japon pour le sponsor, l'Italie pour le propriétaire de l'écurie… Tout ce qui fait Benetton était présent pour fêter le second titre mondial de Schumacher.

À droite, bas. Essayeur, puis titulaire : l'histoire de David Coulthard chez Williams fut brève. Elle lui permit toutefois d'acquérir très vite un statut de vainqueur de Grands Prix. Indispensable pour installer sa réputation de top driver et briguer un jour un titre.

Ci-dessus, haut. **Lumière dure d'hiver, de petit matin ou de crépuscule toujours. J'adore… Devinez qui roule ?**

À gauche. **La McLaren-Mercedes MP4-10, toujours, avec son drôle d'aileron**

Dans la brillance du petit matin, sous le regard de mon "500 mm Canon", m'apparut l'étoile du Berger (1995, Portugal).

À gauche. Mark Blundell sur McLaren. C'était en 1995, l'année où Mansell trouvait le baquet trop étroit à son goût. Avec ce petit aileron central, l'équipe de Ron Dennis qui s'appuie sur le V10 Mercedes pense avoir mis la main sur LE truc aérodynamique qui marche. Erreur. Hakkinen, Mansell, Blundell et Magnussen n'en retireront pas grand bénéfice.

À droite. Les deux Grands Prix remportés par Johnny Herbert à ce jour l'ont été sur Benetton. L'un des deux : le Grand Prix de Grande-Bretagne, à Silverstone. Pour un Britannique bon teint comme lui, cette victoire vaut tout un championnat. En cela, sa carrière est une réussite. Le reste, c'est du supplément.

D SEVEN
MILD SEVEN
RENAULT
MILD SEVEN
MILD SEVEN
MILD SEVEN

Ci-dessous, gauche. Pour faire avancer la première McLaren Mercedes MP4-10, Mika Hakkinen n'a jamais ménagé sa peine. Va-t-il recevoir son aileron sur le coin du casque en guise de récompense ?

Ci-dessous, droite. En cours de crash, quelle que soit la vitesse et la position de la voiture, mieux vaut ne jamais quitter le volant des mains. La cellule de survie que constitue le

cockpit ne protège pas au-delà de ses limites.

À droite. Mark Blundell sur McLaren. C'était en 1995, l'année où Mansell trouvait le baquet trop étroit à son goût. Avec ce petit aileron central, l'équipe de Ron Dennis qui s'appuie sur le V10 Mercedes pense avoir mis la main sur LE truc aérodynamique qui marche. Erreur. Hakkinen, Mansell, Blundell et Magnussen n'en retireront pas grand bénéfice.

MILD
SEVEN
MILD
SEVEN

Le poing levé. Symbole désormais classique des victoires de Schumacher. Trente-deux foisqu'il nous fait le coup, durant le tour d'honneur, dans le parc fermé et sur le podium !

Et toujours la même joie et la même électricité dans l'air. À vingt-neuf ans, il peut sérieusement envisager de dépasser la fabuleuse série de Prost (cinquante et une victoires).

Hakkinen, cette fois au volant, à Monaco. Ce jour de mai, il ne sait pas encore que trois ans plus tard il triompherait là, à la manière de Senna.

Ci-dessus, haut. Berger et Ferrari, une comédie en deux actes. Le second aurait dû être le bon. La Scuderia replonge dans ses tourments et les ambitions mondiales du grand Autrichien partent en fumée. Après deux saisons chez Benetton, c'est l'heure de la retraite.

Ci-dessus, bas. Schumacher-Hill : une histoire conclue en 1995 au profit de l'Allemand, en 1996 au profit de l'Anglais. Dans ces duels, c'est toujours sur Schumacher que jaillit la lumière. C'est injuste. Là, Hill n'a pas freiné que l'Allemand a déjà allumé ses pneus…

Jean Alesi, Ferrari n° 27, sous la pluie. Il l'affirme sans crainte, mais avec quelques remords : ces années Ferrari restent les plus belles de sa carrière. Il avait tant rêvé de piloter pour la prestigieuse Scuderia. Aujourd'hui, les bruits de couloir affirment que la seule clause de libération anticipée de son contrat avec Sauber serait au profit de l'écurie rouge. Comme on le comprend !

Agip
Agip
Agip

Ci-contre. McLaren-Ferrari, Mobil-Agip… Dans la F1 de ces dernières saisons, l'importance stratégique des arrêts au stand est devenue capitale. La victoire s'y joue désormais plus encore que sur la piste.

Ci-dessus. Mansell ou Coulthard ? C'est ce dernier qui hérite du baquet de la Williams. La dramatique disparition de Senna aura eu comme heureuse conséquence de donner sa chance au pilote d'essais maison. Il en a tiré le meilleur profit, s'imposant dès l'année suivante, au Portugal. Savoir saisir sa chance, c'est aussi un talent de champion.

Marlboro
Asprey
1

Rothmans
RACING
Rothmans
RENAULT
elf

Haut. Michael Schumacher et Ferrari, c'est le mariage du siècle. De l'argent certes, mais aussi un véritable pari sportif pour l'Allemand. Dans une autre équipe, il aurait pu conquérir quelques autres titres depuis 1986. Sans aucun doute.

Bas. Damon Hill, en route vers le titre mondial 1996. Je ne me souviens pas avoir jamais vu plus belles Williams que cette année-là. Sauf peut-être les FW07 en livrée Saudia verte et blanche à la fin des années 80. Et encore...

Ci-dessus. Premier Grand Prix de la saison 96, en Australie. Au 24 mm, je me positionne au-dessus de Schumacher. Mon lourd 500 mm glisse de mon épaule et pulvérise son rétroviseur. Il me lance un regard noir et m'insulte copieusement en allemand. Je me suis ensuite fait tout petit.

Ci-contre, gauche. Arrivée du Grand Prix d'Australie 1996. La voiture, maculée d'huile (80-200 mm, Canon).

Ci-dessus. **Enzo Ferrari affirmait que ses voitures ne fumaient et ne fumeraient pas. Quelques années après sa mort, le beau principe est oublié. Il faut bien payer les salaires mirifiques des pilotes… Aujourd'hui, seul Jackie Stewart refuse sciemment et ouvertement l'argent du tabac.**

gueule et un talent phénoménal au volant. Quand il interroge du regard, il exige. Calmement, mais fermement.

Ci-contre, haut. On n'en parle jamais. Pourtant, les pilotes passent leur temps à se frotter les yeux. Ils sont soumis aux pistes scintillantes, aux fumées dans les box et… aux flashs des photographes. Certains exigent

une Formule 1 où tout est taillé à la règle, cela réchauffe un peu l'atmosphère. Même si cette McLaren fut un échec. Ce fut aussi la dernière d'une longue série à arborer la livrée rouge et blanche.

CAPITAL

Marlboro
Marlboro
KENWOOD
Sun

Ci-dessus, haut. Dans le règlement de la Formule 1, il est stipulé que le carénage des roues est interdit. Ce qui a pour effet de limiter leur vitesse, compte tenu de la forte traînée aérodynamique ainsi engendrée. La conséquence la plus dangereuse de ce règlement : l'envol des voitures, dès qu'une roue touche une roue arrière en mouvement.

Ci-contre. Monaco, c'est le paradis. Les photographes parviennent à approcher les monoplaces à quelques centimètres. Pour les photos d'actions, pour la beauté du cadre, pour les événements que génère cette piste, l'endroit n'a aucun équivalent. Même les départs y sont exceptionnels. Les voitures en

l'air sont monnaie courante et les blessés rarissimes. On aime…

Ci-dessus. Une flèche blanche le long de la ligne blanche. Pour moi, la F1 c'est cela. Tutoyer les limites le plus souvent possible. Extraire 120 % d'un potentiel, quel qu'il soit. Comme on dit, savoir jusqu'où aller trop loin…

Ci-contre. 1996. Damon Hill se bat désormais contre son fougueux et teigneux équipier Jacques Villeneuve. Ce titre qui lui échappe depuis deux ans, il doit le conquérir au plus vite. Avant la fin de la saison et avant son sacre, Franck Williams le remercie. Un champion du monde viré, c'est une première…

Ci-contre, haut. Les pontons de cette Ferrari m'ont toujours intrigué. Etaient-ils efficaces ? Je n'en sais toujours rien. Même si leur disparition des Ferrari ultérieures et leur non-adoption par les autres monoplaces me permettent d'en douter.

Ci-contre, milieu. Grand Prix du Portugal 1996. Au petit matin, lors du warm-up, Michael Schumacher entre en piste. Posté à l'autre extrémité du circuit, je le vois arriver en survirage, le volant contre-braqué. Dans cette position seule, sa Ferrari prenait la lumière. A croire que cette glissade, il l'avait faite pour moi. On peut toujours rêver…

Ci-contre, bas. En Formule 1, la recherche aérodynamique s'attache désormais au moindre détail. Même le casque du pilote est étudié en soufflerie. Tout comme son intégration dans l'aérodynami-

que du cockpit.

Ci-dessus, haut. **Ce genre de position en survirage contrôlé au volant et à l'accélérateur devenait de plus en plus rare. L'introduction des pneus étroits et rainurés a ramené l'adresse des pilotes sur le devant de la scène. Et rendu quelque piquant à leurs prestations en piste.**

Ci-dessus, bas. **Jacques Villeneuve, en pleine concentration, au Grand Prix du Portugal 1997. La lumière rasante d'Estoril force plusieurs pilotes à adopter des visières fumées. A cet instant, la lumière dense perce l'intimité de son casque. C'est l'une des rares fois où j'ai rêvé d'être à la place d'un pilote.**

Haut. Imola 1996, après la course. Imola n'est pas Monza. On y trouve une ferveur plus respectueuse et les débordements de la passion Ferrari y sont moins exubérants. Cette fois, pourtant, toutes les F1 n'avaient pas réussi à franchir la ligne d'arrivée. Du muret où nous attendions la cérémonie du podium, nous nous sommes laissés submerger par la foule.

Bas. Canada 1997. Olivier Panis sort de la piste et se blesse. La course est interrompue au drapeau rouge. Tous les photographes se ruent sur place. Je décide de rester sur la ligne de départ, où les autres pilotes

interrompent leur élan à même la piste. J'ai eu peur. Très peur. Olive, c'est mon pote.

À droite. **Johnny Herbert dans la Sauber,**

Johnny. Alesi a retrouvé chez Sauber une

1997.
A gauche. SFO1. La première Stewart, née au cours de l'hiver 96/97 laisse entrevoir de sérieux espoirs. Pour tout mettre en œuvre pour les concrétiser, Rubens Barichello ne ménage pas sa peine, multipliant les séances d'essais et de développement dès les brumes du petit matin. Un an plus tard, n'y croyant plus, il tente de passer chez Wiliams. En vain. Il passera trois ans chez Stewart.

A droite. Intersaison 96/97.C'est l'hiver. Avant même de déclencher, je ressentais des frissons. La lumière qui disparaît à toute vitesse. Ces tons dorés fugitifs… Je la vois et l'imagine, cette photo. Je sais que je n'aurai pas deux occasions de la réussir. Quand je l'ai vu développée, j'étais vraiment heureux.

Avec leurs couleurs West/

A cet instant, Mika Hakkinen quitte la terre des hommes pour se réfugier dans la solitude de son cerveau. L'équilibriste ne possède que peu d'interlocuteurs de son niveau. Pourtant, chaque fois qu'il redescend sur terre, il s'efforce de décrire ses sensations avec la plus grande précision. Pour aider ses ingénieurs, mais aussi pour faire partager son bonheur avec les journalistes et le public.

Pour Mika Hakkinen, la tripotée d'ailerons et sabots arrière ne semble pas être d'une grande aide pour éviter survirage et contre-braquage. Du temps perdu pour lui, un bon cliché pour moi…

Page suivante. **Elle danse, la Ferrari d'Irvine. Secouée comme sur l'un des meurtriers vibreurs de Monza. Et pourtant, elle est saisie là au ralenti dans l'allée des stands. Méfiance : parfois, on peut faire mentir les photos. Ne pas en abuser.**

Ci-contre,
aut. Lors du
avitaillement,
e ne sont pas
noins de 17
ersonnes qui
'affairent dans
n ballet d'une
récision inouïe
utour de la
oiture. Les
ouacs sont
arissimes.
Quatre roues et
e plein – ou
resque – en 6/7
econdes, qui dit
nieux ?
Ci-contre, bas.
Avant que la
oiture décolle,
es roues arrière
ument une
raction de
econde alors
que les deux
neus avant (on
emarque
'étiquette sur
'avant droit)
'ont pas bougé
l'un centimètre.
Double-page.
chumacher, le
nouveau dieu de
a F1 sous la
luie. On aurait
ellement aimé
ssister à de
éritables
onfrontations
ntre Senna et
ui sous la
luie…

SEVEN
MILD
SEVEN
RENAULT
8
MILD
MILD

Ci-dessus. En Hongrie, l'année suivant son titre mondial de 1996, Damon Hill court chez TWR-Arrows. Le monde se demande ce qu'un champion de sa trempe cherche dans une telle équipe, parle d'argent et doute de sa motivation. Le dimanche, Hill leur répond. A un tour du drapeau à damier, il occupe la tête de la course. En vingt ans de F1, jamais une Arrows ne s'est imposée. Hill s'est rapproché le plus près du but. Jacques Villeneuve l'emporte.

Ci-contre, en haut. Alesi, je le connais. Je le suis depuis des années. Ce jour-là, au second départ du Grand Prix du Canada 1998, j'ai vraiment eu peur que la roue arrière gauche de la Prost de Trulli ne touche la tête de Jean.

Ci-contre, en bas. Portrait de famille. En Allemagne cette année, les frères Schumacher avaient quitté la terre des hommes pour celle des demi-dieux. Étrange, tant ces deux champions attachent d'importance à la tranquillité de leurs vies privées. Aujourd'hui, tous deux affirment ne plus pouvoir vivre dans leur pays. Dommage.

BRIDGESTONE
Sodexho
Tradition
12
WARSTEINER
PIAA
Safra
YKK
Red Bull
PETRONAS
MILD SEVEN
MILD SEVEN
SEVEN
Agip
KOREAN AIR
FedEx
AKAI
MILD SEVEN

MasterCard
Shell
REPSOL
HONDA
GdeZ
BUZZIN HORNETS
REPSOL
GOODYEAR DELPHI
s.Oliver
TELECOM ITALIA

Dans les coulisses du Prost Grand Prix, on dit que le bleu métal électrique choisi pour les AP01 a été dicté par un sponsor qui s'est rétracté en dernière minute. Une boisson gazeuse, pour être plus précis. Si Pepsi n'est pas là, la profondeur de ce bleu, c'est du pain béni pour les photographes.

Qu'elles soient techniquement réussies ou pas, les Benetton Comme si elles avaient été dessinées pour que leurs couleurs se

Ci-dessus. C'est incontestable. Sans doute la force de l'habitude, mais Schumacher paraît tellement plus à l'aise magnum de Moët à la main que Fisichella. Dans quelques mois, quelques années,

Ci-contre. Alex Wurz. Une victoire aux 24 Heures du Mans, quelques tours en piste et… un premier podium au Grand Prix de Grande-Bretagne 1997.

Ci-dessus. Schumacher en survirage au Grand Prix du Brésil.

Ci-contre. Au final d'une longue lutte à suspense, c'est Mika Hakkinen qui l'emportera sur Schumacher.